Las botas y los zapatos

escrito por

Ann Cooper

KAEDEN BOOKS™

Title: Las botas y los zapatos

Author: Ann Cooper
Design: Signature Design
Language Consultant: Juanita I. Ramírez-Robertson

ISBN: 978-1-63584-214-2 (paperback)
ISBN: 978-1-64132-043-6 (eBook)

Published by:
Kaeden Publishing
P.O. Box 16190
Rocky River, Ohio 44116
1-800-890-READ(7323)
www.kaeden.com

Printed in Guangzhou, China
NOR/0418/CA21800394

First edition 2009
Second edition 2014
Third edition 2018

Tabla de contenido

Hay muchos tipos de botas y zapatos.

Botas de pescar

Algunas botas están hechas para **pescar** en el río.

Botas para escalar

Algunas botas están hechas para escalar montañas.

Sandalias

Algunos zapatos están hechos para caminar en la arena.

Botas para la lluvia

Algunas botas están hechas para chapotear en los charcos.

Botas vaqueras

Algunas botas están hechas para montar a caballo.

Zapatos de ballet

Zapatos de ballet también se llaman zapatillas de ballet.

Algunos zapatos están hechos para bailar en el **escenario**.

Botas para esquiar

Algunas botas están hechas para **esquiar** en la nieve.

Zapatos deportivos

Hay otros nombres para los zapatos deportivos como tenis o zapatos de gimnasia.

Algunos zapatos están hechos para correr en el parque.

¿Cuál par es el mejor para mí?

Glosario

escenario – una plataforma elevada en la cual la gente actúa o da discursos

esquiar – el deporte de deslizamiento sobre esquís (o esquíes)

pescar – el acto o actividad de capturar peces

Índice